AF454291

LES DROITS DE LA FEMME.

A LA REINE.

Madame,

Peu faite au langage que l'on tient aux Rois, je n'emploierai point l'adulation des Courtisans pour vous faire hommage de cette singulière production. Mon but, Madame, est de vous parler franchement ; je n'ai pas attendu, pour m'exprimer ainsi, l'époque de la Liberté : je me suis montrée avec la même énergie dans un temps où l'aveuglement des Despotes punissait une si noble audace.

Lorsque tout l'Empire vous accusait et vous rendait responsable de ses calamités, moi seule, dans un temps de trouble et d'orage, j'ai eu la force de prendre votre défense. Je n'ai jamais pu me persuader qu'une Princesse, élevée au sein des grandeurs, eût tous les vices de la bassesse.

A

Oui, Madame, lorsque j'ai vu le glaive levé sur vous, j'ai jeté mes observations entre ce glaive et la victime ; mais aujourd'hui que je vois qu'on observe de près la foule de mutins soudoyée, & qu'elle est retenue par la crainte des loix, je vous dirai, Madame, ce que je ne vous aurois pas dit alors.

Si l'étranger porte le fer en France, vous n'êtes plus à mes yeux cette Reine faussement inculpée, cette Reine intéressante, mais une implacable ennemie des Français. Ah ! Madame, songez que vous êtes mère et épouse ; employez tout votre crédit pour le retour des Princes. Ce crédit, si sagement appliqué, raffermit la couronne du père, la conserve au fils, et vous réconcilie l'amour des Français. Cette digne négociation est le vrai devoir d'une Reine. L'intrigue, la cabale, les projets sanguinaires précipiteroient votre chûte, si l'on pouvait vous soupçonner capable de semblables desseins.

Qu'un plus noble emploi, Madame, vous caractérise, excite votre ambition, et fixe vos regards. Il n'appartient qu'à celle que le hasard a élevée à une place éminente, de donner du poids à l'essor des Droits de la Femme, et d'en accélérer les succès. Si vous étiez moins instruite, Madame, je pourrais craindre que vos intérêts particuliers ne l'emportassent sur ceux de votre sexe. Vous aimez-la gloire : songez, Madame, que les plus grands crimes s'immortalisent comme les plus grandes vertus; mais quelle différence de célébrité dans les fastes de l'histoire ! l'une est sans cesse prise pour exemple, et l'autre est éternellement l'exécration du genre humain.

On ne vous fera jamais un crime de travailler à la restauration des moeurs, à donner à votre sexe toute la consistence dont il est susceptible. Cet ouvrage n'est pas le travail d'un jour, malheureusement pour le nouveau régime. Cette révolution ne s'opérera que quand toutes les femmes seront pénétrées de leur déplorable sort, & des droits qu'elles ont perdus dans la société. Soutenez, Madame, une si belle cause ; défendez ce sexe malheureux, et vous aurez bientôt pour vous une moitié du royaume, et le tiers au moins de l'autre.

Voilà, Madame, voilà par quels exploits vous devez vous signaler et employer votre crédit. Croyez-moi, Madame, notre vie est bien peu de chose, sur-tout pour une Reine, quand cette vie n'est pas embellie par l'amour des peuples, et par les charmes éternels de la bienfaisance.

S'il est vrai que des Français arment contre leur patrie toutes les puissances ; pourquoi ? pour de frivoles prérogatives, pour des chimères. Croyez, Madame, si j'en juge par ce que je sens, le parti monarchique se détruira de lui - même, qu'il abandonnera tous les tyrans, et tous les coeurs se rallieront autour de la patrie pour la défendre.

Voilà, Madame, voilà quels sont mes principes. En vous parlant de ma patrie, je perds de vue le but de cette dédicace. C'est ainsi que tout bon Citcyen sacrifie sa gloire, ses intérêts, quand il n'a pour objet que ceux de son pays.

Je suis avec le plus profond respect,

M A D A M E,

Votre très-humble et très-obéissante servante,

D E G O U G E S.

LES DROITS DE LA FEMME.

Homme, es-tu capable d'être juste ? C'est une femme qui t'en fait la question ; tu ne lui ôteras pas du moins ce droit. Dis-moi ? qui t'a donné le souverain empire d'opprimer mon sexe ? ta force ? tes talens ? Observe le créateur dans sa sagesse ; parcours la nature dans toute sa grandeur, dont tu sembles vouloir te rapprocher, et donne-moi, si tu l'oses, l'exemple de cet empire tirannique. * Remonte aux animaux, consulte les élémens, étudie les végétaux, jette enfin un coup-d'œil sur toutes les modifications de la matière organisée ; et rends-toi à l'évidence quand je t'en offre les moyens ; cherche, fouille et distingue, si tu le peux, les sexes dans l'administration de la nature. Par-tout tu les trouveras confondus, par-tout ils coopèrent avec un ensemble harmonieux à ce chef-d'oeuvre immortel.

L'homme seul s'est fagoté un principe de cette exception. Bifarre, aveugle, boursoufflé de sciences et dégénéré, dans ce siècle de

---

* De Paris au Pérou, du Japon jufqu'à Rome,
  Le plus sot animal, à mon avis, c'est l'homme.

A 3

lumières et de sagacité, dans l'ignorance la plus crasse, il veut commander en despote sur un sexe qui a reçu toutes les facultés intellectuelles ; il prétend jouir de la révolution, et réclamer ses droits à l'égalite, pour ne rien dire de plus.

DÉCLARATION DES DROITS DE LA FEMME ET DE LA CITOYENNE,

A décréter par l'Assemblée nationale dans ses dernières séances ou dans celle de la prochaine législature.

Préambule.

Les mères, les filles, les soeurs, représentantes de la nation, demandent d'être constituées en assemblée nationale. Considérant que l'ignorance, l'oubli ou le mépris des droits de la femme, sont les seules causes des malheurs publics et de la corruption des gouvernemens, ont résolu d'exposer dans une déclaration solemnelle, les droits naturels, inaliénables et sacrés de la femme, afin que cette déclaration, constamment présente à tous les membres du corps social, femmes, et ceux du pouvoir des hommes pouvant être à chaque instant comparés avec le but de toute institution politique, en soient plus respectés, afin que les réclamations des citoyennes, fondées désormais sur des principes simples et incontestables, tournent toujours au maintien de la constitution, des bonnes mœurs, et au bonheur de tous.

En conséquence, le sexe supérieur en beauté comme en courage, dans les souffrances maternelles, reconnaît et déclare, en présence et sous les auspices de l'Etre suprême, les Droits suivans de la Femme et de la Citoyenne.

ARTICLE PREMIER.

La Femme naît libre et demeure égale à l'homme en droits. Les distinctions sociales ne peuvent être fondées que sur l'utilité commune.

I I.

Le but de toute association politique est la conservation des droits naturels et imprefcriptibles de la Femme et de l'Homme : ces droits sont la liberté, la propriété, la sûreté, et sur-tout la résistance à l'oppression.

I I I.

Le principe de toute souveraineté réside

A 4

essentiellement dans la Nation , qui n'est que la réunion de la Femme et de l'Homme : nul corps , nul individu, ne peut exercer d'autorité qui n'en émane expressement.

I V.

La liberté et la justice consistent à rendre tout ce qui appartient à autrui ; ainsi l'exercice des droits naturels de la femme n'a de bornes que la tyrannie perpétuelle que l'homme lui oppose ; ces bornes doivent être réformées par les loix de la nature et de la raison.

V.

Les loix de la nature et de la raison défendent toutes actions nuisibles à la société : tout ce qui n'est pas défendu par ces loix, sages et divines, ne peut être empêché, et nul ne peut être contraint à faire ce qu'elles n'ordonnent pas.

V I.

La Loi doit être l'expression de la volonté générale ; toutes les Citoyennes et Citoyens doivent concourir personellement , ou par leurs représentans , à sa formation ; elle doit être la même pour tous : toutes les citoyennes et tous les citoyens, étant égaux à ses yeux, doivent être également admissibles à toutes dignités, places et emplois publics ,

selon leurs capacités , & sans autres distinctions que celles de leurs vertus et de leurs
talens.

V I I.

Nulle femme n'est exceptée ; elle est accu-
sée , arrêtée , & détenue dans les cas déterminés par la Loi. Les femmes obéissent comme les hommes à cette Loi rigoureuse.

V I I I.

La loi ne doit établir que des peines stric-
tement & évidemment nécessaires , & nul ne
peut être puni qu'en vertu d'une Loi établie
et promulguée antérieurement au délit et légalement appliquée aux femmes.

I X.

Toute femme étant déclarée coupable ,
toute rigueur est exercée par la Loi.

X.

Nul ne doit être inquiété pour ses opinions
mêmes fondamentales , la femme a le droit
de monter sur l'échafaud ; elle doit avoir
également celui de monter à la Tribune ;
pourvu que ses manifestations ne troublent
pas l'ordre public établi par la Loi.

X I.

La libre communication des pensées et des
opinions est un des droits les plus précieux

de la femme , puisque cette liberté assure la légitimité des pères envers les enfans. Toute Citoyenne peut donc dire librement , je suis mère d'un enfant qui vous appartient, sans qu'un préjugé barbare la force à dissimuler la vérité ; sauf à répondre de l'abus de cette liberté dans les cas déterminés par la Loi.

X I I.

La garantie des droits de la femme et de la citoyenne nécessite une utilité majeure ; cette garantie doit être instituée pour l'avantage de tous , & non pour l'utilité particulière de celles à qui elle est confiée.

X I I I.

Pour l'entretien de la force publique, & pour les dépenses d'administration , les contributions de la femme et de l'homme sont égales ; elle a part à toutes les corvées , à toutes les tâches pénibles ; elle doit donc avoir de même part à la distribution des places , des emplois, des charges , des dignités et de l'industrie.

X I V.

Les Citoyennes et Citoyens ont le droit de constater par eux-mêmes , ou par leurs représentans , la nécessité de la contribution publique. Les Citoyennes ne peuvent y adhérer que par l'admission d'un partage égal ,

non-seulement dans la fortune , mais encore
dans l'administration publique , et de déter-
miner la quotité , l'assiette, le recouvrement
et la durée de l'impôt.

X V.

La masse des femmes , coalisée pour la
contribution à celle des hommes , a le droit
de demander compte , à tout agent public ,
de son administration.

X V I.

Toute société , dans laquelle la garantie des
droits n'est pas assurée , ni la séparation des
pouvoirs déterminée , n'a point de constitution ; la constitution est nulle , si la majorité
des individus qui composent la Nation , n'a
pas coopéré à sa rédaction.

X V I I.

Les propriétés sont à tous les sexes réunis
ou séparés ; elles ont pour chacun un droit
inviolable et sacré ; nul ne peut en être privé
comme vrai patrimoine de la nature, si ce n'est
lorsque la nécessité publique , légalement
constatée , l'exige évidemment , et sous la
condition d'une juste et préalable indemnité.

POSTAMBULE.

Femme , réveille-toi ; le tocsin de la raison
se fait entendre dans tout l'univers ; recon-

nois tes droits. Le puissant empire de la nature n'est plus environné de préjugés , de
fanatisme , de superstition et de mensonges.
Le flambeau de la vérité a dissipé tous les
nuages de la sottise et de l'usurpation. L'homme esclave a multiplié ses forces , a eu besoin
de recourir aux tiennes pour briser ses fers.
Devenu libre , il est devenu injuste envers
sa compagne. O femmes ! femmes, quand
cesserez-vous d'être aveugles ? Quels sont les
avantages que vous avez recueillis dans la
révolution ? Un mépris plus marqué, un dé-
dain plus signalé. Dans les siècles de corruption vous n'avez régné que sur la foiblesse des
hommes. Votre empire est détruit ; que vous
reste-t-il donc ? la conviction des injustices
de l'homme. La réclamation de votre patrimoine, fondée sur les sages décrets de la nature;
qu'auriez-vous à redouter pour une si belle
entreprise ? le bon mot du Législateur
des nôces de Cana ? Craignez - vous que
nos Législateurs Français, correcteurs de cette
morale , long-temps accrochée aux branches
de la politique , mais qui n'est plus de saison ,
ne vous répètent : femmes, qu'y a-t-il de commun entre vous et nous ? Tout , auriez-vous
à répondre. S'ils s'obstinoient, dans leur fai-
blesse , à mettre cette inconséquence en con-
tradiction avec leurs principes ; opposez cou-

rageusement la force de la raison aux vaines prétentions de supériorité ; réunissez-vous sous les éterndards de la philosophie ; déployez toute l'énergie de votre caractère, et vous verrez bientôt ces orgueilleux, non serviles adorateurs rampans à vos pieds, mais fiers de partager avec vous les trésors de l'Etre-Suprême. Quelles que soient les barrières que l'on vous oppose, il est en votre pouvoir de les affranchir ; vons n'avez qu'à le vouloir. Passons maintenant à l'effroyable tableau de ce que vous avez été dans la société ; & puisqu'il est question, en ce moment, d'une éducation nationale, voyons si nos sages Législateurs penseront sainement sur l'éducation des femmes.

Les femmes ont fait plus de mal que de bien. La contrainte et la dissimulation ont été leur partage. Ce que la force leur avoit ravi, la ruse leur a rendu ; elles ont eu recours à toutes les ressources de leurs charmes, et le plus irréprochable ne leur résistoit pas. Le poison, le fer, tout leur étoit soumis ; elles commandoient au crime comme à la vertu. Le gouvernement français, surtout, a dépendu, pendant des siècles, de l'administration nocturne des femmes ; le cabinet n'avoit point de secret pour leur in-

discrétion ; ambassade , commandement, mi-
nistère, présidence,pontificat, (1) cardinalat ;
enfin tout ce qui caractérise la sottise des
hommes , profane et sacré , tout a eté soumis à la cupidité et à l'ambition de ce sexe
autrefois méprisable et respecté , et depuis la
révolution , respectable et méprisé.

Dans cette sorte d'anthithèse , que de re-
marques n'ai-je point à offrir ! je n'ai qu'un
moment pour les faire , mais ce moment
fixera l'attention de la postérité la plus re-
culée. Sous l'ancien régime, tout étoit vicieux,
tout étoit coupable ; mais ne pourroit-on
pas apercevoir l'amélioration des choses dans
la substance même des vices? Une femme n'avoit
besoin que d'être belle ou aimable; quand elle
possédoit ces deux avantages , elle voyoit cent
fortunes à ses pieds. Si elle n'en profitoit pas ,
elle avoit un caractère bizarre , ou une philosophie peu commune , qui la portoit aux mépris
des richesses ; alors elle n'étoit plus consi-
dérée que comme une mauvaise tête ; la plus
indécente se faisoit respecter avec de l'or ; le
commerce des femmes étoit une espèce d'industrie reçue dans la première classe , qui , dé-

------

(1) M. de Bernis , de la façon de madame de Pompa-
dour.

sormais , n'aura plus de crédit. S'il en avoit encore , la révolution seroit perdue , et sous de nouveaux rapports , nous serions toujours corrompus ; cependant la raison peut-elle se dissimuler que tout autre chemin à la fortune est fermé à la femme que l'homme achette , comme l'esclave sur les côtes d'Afrique. La différence est grande ; on le sait. L'esclave commande au maître ; mais si le maître lui donne la liberté sans récompense , et à un âge où l'esclave a perdu tous ses charmes , que devient cette infortunée ? Le jouet du mépris ; les portes même de la bienfaisance lui sont fermées ; elle est pauvre et vieille, dit-on ; pourquoi n'a-t-elle pas su faire fortune ? D'autres exemples encore plus touchans s'offrent à la raison. Une jeune personne sans expérience, séduite par un homme qu'elle aime , abandonnera ses parens pour le suivre ; l'ingrat la laissera après quelques années, et plus elle aura vieilli avec lui , plus son inconstance sera inhumaine ; si elle a des enfans, il l'abandonnera de même. S'il est riche, il se croira dispensé de partager sa fortune avec ses nobles victimes. Si quelqu'engagement le lie à ses devoirs, il en violera la puissance en espérant tout des lois. S'il est marié , tout autre engagement perd ses droits. Quelles lois restent il donc à faire pour extirper le vice jusques dans la racine ? Celle du partage des fortunes entre les hommes et les femmes, et de l'administration publique. On conçoit aisément que celle qui est née d'une famille riche, gagne beaucoup avec l'égalité des partages. Mais celle qui est née d'une famille pauvre, avec du mérite et des vertus ; quel est son lot ? La pauvreté et l'opprobre. Si elle n'excelle pas précisément en musique ou en peinture, elle ne peut être admise à aucune fonction publique, quand elle en auroit toute la capacité. Je ne veux donner qu'un aperçu des choses, je les approfondirai dans la nouvelle édition de tous mes ouvrages politiques que je me propose de donner au public dans quelques jours, avec des notes.

Je reprends mon texte quant aux mœurs. Le mariage est le tombeau de la confiance & de l'amour. La femme mariée peut impunément donner des bâtards à son mari, et la fortune qui ne leur appartient pas. Celle qui ne l'est pas, n'a qu'un foible droit : les lois anciennes et inhumaines lui refusoient ce droit sur le nom & sur le bien de leur père, pour ses enfans, et l'on n'a pas fait de nouvelles lois sur cette matière. Si tenter de donner à mon sexe une consistance honorable et juste , est considéré dans ce moment comme un paradoxe de ma part, et comme tenter l'impossible, je laisse aux hommes à venir ; la gloire de traiter cette matière ; mais , en attendant, on peut la préparer par l'éducation nationale, par la restauration des moeurs et par les conventions conjugales.

Forme du Contrat social de l'Homme et de la Femme.

Nous *N* et *N*, mus par notre propre volonté , nous unissons pour le terme de notre vie , et pour la durée de nos penchans mutuels , aux conditions suivantes : Nous entendons & voulons mettre nos fortunes en communauté , en nous réservant cependant le droit de les séparer en faveur de nos enfans, et de ceux que nous pourrions avoir d'une inclination particulière, reconnoissant mutuellement que notre bien appartient directement à nos enfans, de quelque lit qu'ils sortent, et que tous indistinctement ont le droit de porter le nom des pères et mères qui les ont avoués, et nous imposons de souscrire à la loi qui punit l'abnégation de son propre sang. Nous nous obligeons également , au cas de séparation , de faire le partage de notre fortune, et de prélever la portion de nos enfans

indiquée par la loi ; et, au cas d'union par-
faite, celui qui viendroit à mourir, se désis-
teroit de la moitié de ses propriétés en faveur
de ses enfans ; et si l'un mouroit sans enfans,
le survivant hériteroit de droit, à moins que
le mourant n'ait disposé de la moitié du bien
commun en faveur de qui il jugeroit à propos.

Voilà à-peu-près la formule de l'acte con-
jugal dont je propose l'exécution. A la lec-
ture de ce bisarre écrit, je vois s'élever contre
moi les tartuffes, les bégueules, le clergé et
toute la séquelle infernale. Mais combien il
offrira aux sages de moyens moraux pour
arriver à la perfectibilité d'un gouvernement
heureux ! j'en vais donner en peu de mots la
preuve physique. Le riche Epicurien sans enfans, trouve fort bon d'aller chez son voisin
pauvre augmenter sa famille. Lorsqu'il y aura
une loi qui autorisera la femme du pauvre à
faire adopter au riche ses enfans , les liens
de la société seront plus resserrés, et les moeurs
plus épurées. Cette loi conservera peut-être
le bien de la communauté , et retiendra le
désordre qui conduit tant de victimes dans
les hospices de l'opprobre, de la bassesse et
de la dégénération des principes humains ,
où, depuis long-tems , gémit la nature. Que
les détracteurs de la saine philosophie cessent

donc de se récrier contre les moeurs primitives, ou qu'ils aillent se perdre dans la source de leurs citations. (1)

Je voudrois encore une loi qui avantageât les veuves et les demoiselles trompées par les fausses promesses d'un homme à qui elles se seroient attachées ; je voudrois, dis-je, que cette loi forçât un inconstant à tenir ses engagemens, ou à une indemnité proportionnée à sa fortune. Je voudrois encore que cette loi fût rigoureuse contre les femmes, du moins pour celles qui auroient le front de recourir à une loi qu'elles auroient elles-mêmes enfreinte par leur inconduite, si la preuve en étoit faite. Je voudrois, en même tems, comme je l'ai exposée dans le bonheur primitif de l'homme, en 1788, que les filles publiques fussent placées dans des quartiers désignés. Ce ne sont pas les femmes publiques qui contribuent le plus à la dépravation des moeurs, ce sont les femmes de la société. En restaurant les dernières, on modifie les premières. Cette chaîne d'union fraternelle offrira d'abord le désordre, mais par les suites, elle produira à la fin un ensemble parfait.

---

(1) Abraham eut des enfans très-légitimes d'Agar, servante de sa femme.

J'offre un moyen invincible pour élever l'ame des femmes ; c'est de les joindre à tous les exercices de l'homme : si l'homme s'obstine à trouver ce moyen impraticable, qu'il partage sa fortune avec la femme, non à son caprice, mais par la sagesse des loix. Le préjugé tombe, les moeurs s'épurent, et la nature reprend tous ses droits. Ajoutez-y le mariage des prêtres ; le Roi, raffermi sur son trône, et le gouvernement français ne sauroit plus périr.

Il étoit bien nécessaire que je dise quelques mots sur les troubles que cause, dit-on, le décret en faveur des hommes de couleur, dans nos îles. C'est l'à où la nature frémit d'horreur ; c'est l'à où la raison et l'humanité, n'ont pas encore touché les ames endurcies; c'est là sur-tout où la division et la discorde agitent leurs habitans. Il n'est pas difficile de deviner les instigateurs de ces fermentations incendiaires: il y en a dans le sein même de l'Assemblée Nationale : ils alument en Europe le feu qui doit embraser l'Amérique. Les Colons prétendent régner en despotes sur des hommes dont ils sont les pères et les frères ; et méconnoissant les droits de la nature, ils en poursuivent la source jusque dans la plus petite teinte de leur sang. Ces Colons inhumains disent : notre sang

circule dans leurs veines, mais nous le répan-
drons tout , s'il le faut, pour assouvir notre
cupidité , ou notre aveugle ambition. C'est dans
ces lieux les plus près de la nature , que le
père méconnoît le fils ; sourd aux cris du sang ,
il en étouffe tous les charmes ; que peut-on
espérer de la résistance qu'on lui oppose ? la
contraindre avec violence , c'est la rendre
terrible , la laisser encore dans les fers , c'est
acheminer toutes les calamités vers l'Amérique.
Une main divine semble répandre par tout
l'appanage de l'homme , *la liberté ;* la loi seule
a le droit de réprimer cette liberté , si elle dé-
génére en licence ; mais elle doit être égale
pour tous, c'est elle sur-tout qui doit renfermer
l'Assemblée Nationale dans son décret, dicté
par la prudence et par la justice. Puisse-t-elle
agir de même pour l'état de la France, et se
rendre aussi attentive sur les nouveaux abus ,
comme elle l'a été sur les anciens qui devien-
nent chaque jour plus effroyables ! Mon opi-
nion seroit encore de raccommoder le pouvoir
exécutif avec le pouvoir législatif, car il me
semble que l'un est tout , et que l'autre n'est
rien ; d'où naîtra , malheureusement peut être,
la perte de l'Empire François. Je considére
ces deux pouvoirs , comme l'homme et la

femme (1) qui doivent être unis, mais égaux en force et en vertu, pour faire un bon ménage.

______

Il eſt donc vrai que nul individu ne peut échapper à son sort; j'en fais l'expérience aujourd'hui.

J'avois réſolu & décidé de ne pas me permettre le plus petit mot pour ſire dans cette production, mais le ſort en a décidé autrement : voici le fait :

L'économie n'eſt point défendue, ſur - tout dans ce tems de miſère. J'habite la campagne. Ce matin à huit heures je ſuis partie d'Auteuil, & me ſuis acheminée vers la route qui conduit de Paris à Versailles, où l'on trouve ſouvent ces fameuses guinguettes qui ramassent les paſſans à peu de frais. Sans doute une mauvaise étoile me pourſuivoit des le matin. J'arrive à la barrièie où je ne trouve pas même le triste ſapin aiistocrate. Je me repose sur les marches de cet édifice insolent qui recéloit des commis. Neuf heures ſonnent, & je continue mon chemin : une voiture s'offre à mes regards, j'y prends place, & j'arrive à neuf heures un quart, à deux montres différentes, au Pont - Royal. J'y prends le ſapin, & je vole chez mon Imprimeur, rue Christine, car je ne peux aller que là ſi matin : en corrigeant mes épreuves, il me reste toujours quelque choſe à faire, ſi les pages ne ſont pas

______

(1) Dars le souper magique de M. de Merville, Ninon demande qu'elle est la maitresse de Louis XVI? On lui répond, c'est la Nation, cette maitresse corrompra le gouvernement si elle prend trop d'empire.

bien serrées & remplies. Je reste à-peu-près vingt minutes; & fatiguée de marche, de composition & d'impression, je me propose d'aller prendre un bain dans le quartier du Temple, où j'allois dîner. J'arrive à onze heures moins un quart à la pendule du bain; je devois donc au cocher une heure & demie; mais, pour ne pas avoir de dispute avec lui, je lui offre 48 fols: il exige plus, comme d'ordinaire, il fait du bruit. Je m'obstine à ne vouloir plus lui donner que son dû, car l'être équitable aime mieux être généreux que dupe. Je le menace de la loi, il me dit qu'il s'en moque, & que je lui payerai deux heures. Nous arrivons chez un commissaire de paix, que j'ai la générosité de ne pas nommer, quoique l'acte d'autorité qu'il s'est permis envers moi, mérite une dénonciation formelle. Il ignoroit sans doute que la femme qui réclamoit sa justice étoit la femme auteur de tant de bienfaisance & d'équité. Sans avoir égard à mes raisons, il me condamne impitoyablement à payer au cocher ce qu'il demandoit. Connoissant mieux la loi que lui, je lui dis, Monsieur, je m'y refuse, & je vous prie de faire attention que vous n'êtes pas dans le principe de votre charge. Alors cet homme, ou, pour mieux dire, ce forcené s'emporte, me menace de la Force si je ne paye à l'instant, ou de rester toute la journée dans son bureau. Je lui demande de me faire conduite au tribunal de département ou à la mairie, ayant à me plaindre de son coup d'autorité. Le grave magistrat, en rédingotte poudreuse & dégoûtante comme sa conversation, m'a dit plaisamment : cette affaire ira sans doute à l'Affemblée Nationale ? Cela se pourroit bien, lui dis-je ; & je

m'en fus moitié furieuse & moitié riant du juge-
ment de ce moderne Bride-Oison, en disant: c'est
donc là l'espèce d'homme qui doit juger un peuple éclairé ! On ne voit que cela. Semblables
avertures arrivent indistinctement aux bons patriotes,
comme aux mauvais. Il n'y a qu'un cri sur les
désordres des sections & des tribunaux. La justice
ne se rend pas ; la loi est méconnue, & la police
se fait, Dieu sait comment. On ne peut plus re-
trouver les cochers à qui l'on confie de effets ;
ils changent les numéros à leur fantaisie, & plu-
sieurs personnes, ainsi que moi, ont fait des pertes
considérables dans les voitures. Sous l'ancien régime, quel que fût son brigandage, on trouvoit
la trace de ses pertes, en faisant un appel nomi-
nal des cochers, & par l'inspection exacte des numéros ; enfin on étoit en sûreté. Que font ces
juges de paix ? que font ces comissaires, ces ins-
pecteurs du nouveau régime ? Rien que des sot-
tises & des monopoles. L'Assemblée Nationale
doit fixer toute son attention sur cette partie qui
embrasse l'ordre social.

P. S. Cet ouvrage étoit composé depuis quelques jours ; il
a été retardé encore à l'impression ; et au moment que
M. Taleyrand, dont le nom sera toujours cher à la postérité, venant de donner son ouvrage sur les principes de
l'éducation nationale, cette production étoit déja sous la
presse. Heureuse si je me suis rencontrée avec les vues de
cet orateur ! Cependant je ne puis m'empêcher d'arrêter la
presse, et de faire éclater la pure joie, que mon coeur a
ressntie à la nouvelle que le roi venoit d'accepter la Constitution, et que l'assemblée nationale, que j'adote actuelle-
ment, sans excepter l'abbé Maury ; et la Fayette est un
dieu, avoit proclamé d'une voix unanime une amnistie générale. Providence divine, fais que cette joie publique ne
soit pas une fausse illusion ! Renvoie-nous, en corps, tous
nos fugitifs, et que je puisse avec un peuple aimant, voler
sur leur passage ; et dans ce jour solemnel, nous rendrons
tous hommage à ta puissance.